32 Estratégias para o Tênis Atual

Por Joseph Correa

As 32 Estratégias Mais Importantes Que Você Poderia Aprender!

COPYRIGHT PAGE

© 2014 32 Tennis Strategies for Today's Game by Joseph Correa
ISBN 978-1-941525-15-9

All rights reserved. This book or any portion thereof may not be reproduced or used in any manner without the express written permission of the publisher except for brief book quotations for reviews in the book. Scanning, uploading, and distributing this book via the Internet or via any other means without the express permission of the publisher and author is illegal and punishable by law.

Only purchase authorized editions of this book. Please consult with your physician before training and using this book.

You can visit the author's website at www.tennisvideostore.com

Esse livro é dedicado à minha filha Gabriela, para que ela possa ter um guia para suas futuras partidas de Tênis, caso ela realmente decida seguir esse caminho.

INTRODUÇÃO

A estratégia desempenha um papel de extrema importância no Tênis competitivo e saber aplicá-la pode ajudá-lo a vencer mais partidas contra adversários mais difíceis. Essas estratégias irão permiti-lo fazer três coisas:
1. Preparar-se para um tipo específico de adversário.
2. Saber quais contra estratégias podem ser usadas para competir com mais eficiência.
3. Executá-las de acordo com o seu estilo de jogo.

Esse livro de estratégias é de tamanho reduzido e deve ser guardado dentro da sua bolsa ou em algum lugar de fácil acesso para mantê-lo preparado para utilizar a estratégia necessária para qualquer partida.

SOBRE O AUTOR

Joseph Correa é tenista e treinador profissional competindo e treinando em torneios da ATP e ITF ao redor do mundo por muitos anos. Além de ser atleta profissional, ele detém certificado de treinador profissional pela USPTR e de treinador infantil pela ITF, tendo treinado centenas de tenistas.

Como autor deste livro, eu acredito firmemente na importância da execução de estratégias específicas no Tênis. Às vezes um jogador de nível mais alto pode perder para um de menor capacidade somente pelo uso equivocado da estratégia e vice-versa. Esse livro vai ajudá-lo a vencer mais partidas e proporcionar maior sucesso nas quadras.

Tudo de melhor,

Joseph Correa

CONTEÚDO

INTRODUÇÃO

SOBRE O AUTOR

CAPÍTULO 1: JOGANDO CONTRA OS ESTILOS DE JOGO BÁSICOS

1. Como vencer o jogador de fundo de quadra
2. O que fazer contra um "come rede"
3. Como bater o tenista de contra-ataque
4. Como superar o jogador de saque e voleio
5. Como vencer o jogador de quadra toda
6. Como bater um "baloeiro"
7. Como derrotar o "empurrandinho"

CAPÍTULO 2: JOGANDO CONTRA ESTILOS DE JOGO AVANÇADOS

8. O que fazer contra um jogador de topspin carregado
9. Como vencer o "sliceiro"
10. Como superar grandes sacadores
11. Como combater uma "deixadinha"
12. Como vencer um jogador "motorzinho"
13. Como bater um forehand poderoso
14. Como derrotar um "mão de pilão"

CAPÍTULO 3: JOGANDO CONTRA ESTILOS DE JOGO INCOMUNS

15. Como superar o "grunhidor"
16. Como derrotar o "encerador"
17. Como ganhar do "apressadinho"
18. Como bater o "queridinho" da torcida
19. Como combater bolas de ângulo curto
20. Como superar bolas altas e profundas
21. Como vencer backhands altos
22. Como bater o "sucateiro"

CAPÍTULO 4: ESTRATÉGIAS MENTAIS

23. Como lidar com o nervosismo
24. Como superar o estresse durante a partida
25. Como manter-se focado até o fim do jogo
26. O que pensar durante trocas de quadra
27. O que pensar antes de uma partida
28. O que pensar na noite anterior à partida
29. O que fazer quando se está perdendo por um set
30. O que fazer quando se está vencendo por um set
31. O que fazer quando se tem um matchpoint
32. O que fazer após cometer uma dupla falta

CAPÍTULO 1: JOGANDO CONTRA OS ESTILOS DE JOGO BÁSICOS

Estratégia #1
Como vencer o jogador de fundo de quadra

PROBLEMA:

Um bom jogador de fundo de quadra (baseliner) sente-se confortável no fundo da quadra e prefere não subir à rede. Por isso, a melhor estratégia seria trazê-lo à rede com golpes defensivos onde eles estarão em desvantagem e provavelmente serão batidos ou simplesmente errarão um voleio simples.

SOLUÇÃO:

Uma das melhores maneiras de derrotar um baseliner é trazendo-os à rede aplicando algum desses golpes: um slice curto, uma "deixadinha", um topspin curto ou uma bola angulada curta.

Se você acertar um slice curto o baseliner se sentirá tentado a ir à rede e se for bastante curto, ele será forçado a abandonar a linha de fundo e ir à frente para volear ou aplicar um smash.

Acertando uma "deixadinha" você, definitivamente, vai conseguir trazer o seu oponente à rede já que eles não terão opções além de adentrar as áreas de saque. Com uma bola de topspin curto ele não será forçado a ir à rede, mas estará numa péssima posição na quadra caso não o faça. Você pode tomar proveito de seu mau posicionamento simplesmente jogando a bola às suas costas.

Caso acerte uma bola angulada curta, ele não só estará longe da linha de base, mas também ligeiramente fora da quadra, o que o deixará em uma posição muito ruim se ele não tentar cobrir a quadra indo à rede.

If you have a good serve, serve and volley or rush the net simply to surprise them and get some free errors every once in a while.

Se você tem um bom saque, saque e voleie ou suba à rede simplesmente para surpreendê-lo e forçar alguns erros de vez em quando.

Estratégia #2
O que fazer contra um "come rede"

PROBLEMA:

O "come-rede" está sempre pronto par ir à frente principalmente no segundo serviço e nas bolas fracas e curtas. Seus melhores golpes normalmente são seus voleios e smashes. Ele também vai atacar a rede após o saque. A maioria de seus pontos são ganhos com pressão na rede, o que força erros e más decisões dos adversários.

SOLUÇÃO:

A melhor solução é simplesmente manter o "come-rede" na linha de base acertando o primeiro serviço, mesmo que isso signifique tirar força e colocar um pouco mais a bola. Além disso, é importante acertar topspins profundos e bolas cruzadas para mantê-lo fora da quadra e longe da rede.

Caso o "come-rede" alcance a rede você deve se preparar para:
1. Batê-lo com uma bola longa paralela.
2. Batê-lo com uma bola cruzada.
3. Batê-lo com uma bola angulada curta.
4. Encobrir seu lado do backhand com uma bola chapada, com topspin ou slice.
5. Bater a bola em direção ao seu corpo para mantê-lo desprotegido e desacelerá-lo.

Estratégia #3
Como bater o tenista de contra-ataque

PROBLEMA:

O tenista de contra-ataque não toma a iniciativa de ataque durante a disputa do ponto. Normalmente, ele é o tipo de jogador que vai te esperar tomar uma decisão e a partir daí superar o seu golpe. Se você subir à rede ele vai te bater. Se atacar com força ele vai usá-la para abrir o jogo. Esse tipo de jogador é um grande problema quando você não sabe enfrentá-lo. Quanto mais forte e rápido você joga, melhor o jogo fica para ele se você não tiver uma estratégia concisa.

SOLUÇÃO:

Para derrotar o tenista de contra-ataque você precisa entender que sempre que quiser atacar, você precisa garantir um padrão pré-estabelecido que você possa pôr em prática durante o ponto.

Alguns exemplos seriam:
- Sacar largo e depois atacar a quadra aberta.
- Acertar a quadra aberta e depois direcionar o seu golpe à rede para pressionar mais o oponente e matar o ponto.
- Acertar uma bola curta e forçar o adversário a tomar a iniciativa subindo à rede.

Estratégia #4
Como superar o jogador de saque e voleio

PROBLEMA:

Jogadores de saque e voleio são rápidos e decisivos. Eles não vão perder a oportunidade de matar o ponto. Eles vão sacar com força ou spin e rapidamente subir à rede.

SOLUÇÃO:

A melhor estratégia contra esse estilo de jogador é desacelerá-lo ou pará-lo enquanto ele avança.

Os três melhores jeitos de diminuir a velocidade e os forçar a cometer erros são:

1. Devolver o saque na altura de seus pés para que ele acerte um meio-voleio.

2. Devolver o saque em sua direção para forçá-lo a virar o corpo para fora na hora do voleio. Esse pode não ser uma maneira muito gentil de desalecerá-lo, mas funciona e é mais uma "carta na manga" quando não se tem mais opções.

3. Encubra-o. Simplesmente faça uma devolução alta e profunda e depois recue no caso do adversário resolver lançar um smash poderoso, como muitos irão tentar fazer. Se o seu lob for alto o bastante ele terá de parar completamente e acertar um smash em tempo hábil, o que nem sempre é fácil quando se está ventando, chovendo, é meio-dia e o sol está contra os seus olhos ou à noite, quando se é mais difícil de distinguir distancias.

Estratégia #5
Como vencer o jogador de quadra toda

PROBLEMA:

O jogador de quadra toda sabe fazer de tudo. Sacar e volear, contratacar, atacar a rede, ser paciente e consistente no fundo da quadra. Todo tenista treina duro para virar um jogador de quadra toda, pois assim não se apresenta nenhum ponto fraco óbvio, o que torna o ataque ao adversário mais fácil.

SOLUÇÃO:

O jogador de quadra toda costuma ser bom em tudo, mas isso não quer dizer que ele não tenha fraquezas. Foque no que ele faz de pior e ajuste seu jogo para que você possa fazer o que faz de melhor.

Por exemplo: se ele tem um backhand mais fraco e o seu forehand é forte, você deve sacar no backhand do adversário e se posicionar para usar o seu próprio forehand. Continue pressionando o backhand dele até você ter a oportunidade de ir à rede ou botar a bola fora de alcance. Assim você joga o seu jogo mais eficaz contra o ponto fraco do oponente. Outra boa estratégia é atacar a rede do seu lado mais fraco e assim forçá-lo a cometer erros.

Estratégia #6
Como bater um "baloeiro"

PROBLEMA:

Jogadores que gostam de encobrir o adversário ou jogar bolas extremamente altas o tempo todo podem ser muito difíceis de enfrentar e te fazem perder a paciência. Você quer atacar, mas eles desaceleram o jogo com seus lobs. Quando você quer subir à rede você sabe que terá de acertar um smash.

SOLUÇÃO:

Você não quer perder uma partida porque está tentando bolas arriscadas enquanto seu adversário garante jogadas seguras como lobs. O melhor plano para essa situação é tirá-lo da zona de conforto e forçá-lo a arriscar lobs de posições ruins na quadra ou em lugares que não permitem o lob. Acertando bolas anguladas baixas você força o "baloeiro" a sair do fundo da quadra e ir para as laterais, o que dificulta bastante o lob, já que a distancia para o fundo da quadra adversária se torna consideravelmente mais curta do que seria caso ele se posicionasse atrás da linha de base.

Outra maneira de manter esse tipo de jogador longe de seu jogo preferido é simplesmente é acertar uma bola curta ou uma "deixadinha" para trazê-lo à rede. Na rede ele poderá volear ou tentar um smash, mas nunca um lob! Outra saída eficiente para vencer um "baloeiro" é acertar slices curtos e baixos, tendo em vista a dificuldade de se conseguir um lob decente a partir desse tipo de bola. Em seguida você pode simplesmente jogar a bola às suas costas após um lob medíocre.

A última opção contra um "baloeiro" é bater na bola ainda no ar para que ela nuca quique. Isso pode ser efetivo caso consiga manter-se dentro de quadra e se sentir confortável com golpes no ar.

Estratégia #7
Como derrotar o "empurrandinho"

PROBLEMA:

O "empurrandinho" ou jogadores consistentes que não costumam atacar durante os jogos muitas vezes são muito bem sucedidos. Eles não cometem muitos erros e também não conseguem muitos winners. Eles esperam até que você cometa todos os erros, o que te cria uma carga extra de pressão.

SOLUÇÃO:

O "Empurrandinho" normalmente precisa ser forçado a errar. Uma das melhores maneiras de levá-lo ao erro é trazê-lo à rede com uma "largadinha" ou uma bola curta e depois fazê-lo volear ou tentar um smash, o que costuma ser seu ponto fraco, já que ele passa tanto tempo no fundo da quadra mantendo a bola consistentemente em jogo. Se você tem um jogo de rede forte você deve atacar a rede com golpes rápidos e baixos, forçando-o a arriscar mais com uma tentativa de passada ou um lob. As duas estratégias são eficazes contra esse tipo de jogador.

CAPÍTULO 2: JOGANDO CONTRA ESTILOS DE JOGO AVANÇADOS

Estratégia #8
O que fazer contra um jogador de topspin carregado

PROBLEMA:

O Topspin carregado está se tornando cada vez mais popular no Tênis atual. A bola normalmente quica rápida e alta, dificultando o ataque ou a subida à rede. Você será forçado a recuar ou lançar-se à frente para golpear a bola.

SOLUÇÃO:

Você pode fazer algumas coisas pra contratacar uma bola carregada de topspin. 1. Você pode simplesmente recuar e deixar a bola cair até uma posição confortável para a batida. Assim você não irá atacar a bola em uma altura demasiada, o que é bastante complicado para a maioria dos jogadores. 2.Você pode acertar a bola na subida antes dela subir demais e entrar na quadra ao mesmo tempo. Esse movimento requer mais habilidade do que deixar a bola cair, mas pode ser bastante recompensador se você conseguir manter seu adversário atordoado com as suas devoluções rápidas.

Estratégia #9
Como vencer o "sliceiro"

PROBLEMA:

Alguns tenistas utilizam apenas golpes com slice ou porque se dão bem fazendo isso ou porque não sabem aplicar nenhum outro tipo de golpe. A bola se manterá baixa e curta, dificultando o ataque e a conquista de winners.

SOLUÇÃO:

Ser paciente contra esse tipo de jogador recompensa no longo prazo. O segredo é não devolver esses slices com força exagerada. Tente manter-se rasteiro e avançar. O melhor jeito de induzi-lo ao erro é forçando-o a se movimentar e depois fechar à rede quando ele utilizar o slice na devolução ou variar a altura dos golpes. Variar a altura dos golpes é basicamente acertar uma bola com topspin baixa e em seguida uma alta e seguir esse padrão até que ele não alcance o ângulo correto da raquete, forçando-o a bater muito baixo contra a rede ou muito alto para fora da quadra.

Estratégia #10
Como devolver um grande serviço

PROBLEMA:

Grandes sacadores são adversários complicados em razão da velocidade que a bola chega à você. A bola virá forte e veloz, sem nenhum aviso prévio.

SOLUÇÃO:

Mantenha os movimentos (backswing) curtos e mova seus pés antes da chegada da bola. Faça o split-step quando a bola entrar em contato com a raquete do adversário para aumentar seu tempo de reação. O segredo para devolver saques velozes não é rebater com mais força ainda. Aprenda a usar a força do seu oponente simplesmente devolvendo uma bola bem colocada. Muitas vezes você vai perceber que não é necessário bater na bola com mais força para conseguir uma boa devolução e isso é a coisa mais importante a se lembrar. Mova seus pés, mantenha os olhos na bola, faça um backswing curto e avance enquanto bate na bola para ter êxito no seu golpe.

Estratégia #11
Como combater uma "deixadinha"

PROBLEMA:

"Deixadinhas" são excelentes armas para se ter já que não demandam força. É um golpe "elegante" também conhecido como touch shot. "Deixadinhas" são tão valiosas quanto acertar um winner ou um smash. Lembre-se que a distancia entre as laterais da quadra é mais curta do que a distância percorrida para se subir à rede. Quando acerta uma "deixada" você faz o seu adversário correr uma distância maior.

SOLUÇÃO:

A melhor resposta para uma "deixadinha" é simplesmente outra "deixadinha". Assim você tem uma chance menor de tomar uma passada, um lob ou até ser acertado pela bola. Dominando esse golpe, você vai ver seus oponentes lutando para alcançar uma bola que não esperavam. A outra jogada que você pode utilizar contra uma "deixada" é uma devolução profunda para o lado mais fraco de seu adversário e depois esperar por um voleio ou um smash. Caso queria diminuir o número de "deixadinhas" do seu rival você pode bater bolas fortes e profundas ou mantê-las altas e igualmente profundas. Isso dificultará consideravelmente o jogo de seu rival na hora de conseguir uma "deixada".

Estratégia #12
Como vencer um jogador "motorzinho"

PROBLEMA:

"Motorzinhos" são adversários complicados, pois não costumam desistir e recuperam muitas bolas, botando-as em jogo novamente. Alguns jogadores vencem partidas com sua velocidade. Eles perseguem cada bola até que seus adversários exagerem na dose e finalmente cometam erros.

SOLUÇÃO:

Um "Motorzinho" sempre tem um golpe mais fraco. Pode ser seu backhand, forehand, saque, voleio ou smash. Ache seu ponto fraco e comece a atacá-lo em vez de buscar winners. É preciso compreender que seu ponto forte é a velocidade então você tem de focar no que ele tem de pior, por mais que isso signifique não conquistar winners. Você tem de ser paciente e permiti-lo errar com seus golpes mais fracos. Insista e seja persistente até que ele comece a cometer erros com esses golpes e depois não abandone o plano. Você se sentirá tentado a definir os pontos, mas é sempre importante se manter fiel à proposta inicial em vez de permitir ao seu rival fazer o que sabe, ou seja, correr atrás das bolas. Para derrotar esse tipo de jogador ataque as suas fraquezas e não a sua velocidade, já que é o que te dará mais trabalho para conquistar pontos. Mantenha-se fiel ao plano e seja persistente.

Estratégia #13
Como bater um forehand poderoso

Forehands profundos e poderosos são comuns no Tênis já que todos precisam ter armas para ganhar pontos e, com grande frequência, forehands são os golpes mais fortes. No Tênis atual forehands potentes viraram uma necessidade para se conquistar mais pontos com o aumento da velocidade e da capacidade física dos atletas, o que significa que a bola tem de correr mais rápido e com mais força se você quer batê-los.

SOLUÇÃO:
Forehands poderosos são poderosos enquanto eles são golpeados em suas zonas de força - normalmente entre as alturas dos joelhos e dos ombros. Se você conseguir forçar seu adversário a produzir seus forehands abaixo da altura dos joelhos e acima da altura dos ombros há uma grande chance dos forehands não serem mais tão poderosos. Tente acertar slices baixos ou topspins altos para reduzir a força que ele pode alcançar com esse lado.

Estratégia #14
Como derrotar um "mão de pilão"

PROBLEMA:
O "Mão de pilão" domina o seu adversário em ambos os lados e frequentemente inicia os pontos com um saque arrebatador. Ele ganha pontos simplesmente batendo mais forte do que os outros.

SOLUÇÃO:
Você deve quebrar o ritmo do "Mão de pilão" com golpes lentos como: slices lentos, slices laterais, topspins altos, bolas profundas, "deixadinhas" e bolas anguladas curtas. Ele odeia mudanças de velocidade, pois isso o força a se ajustar à profundidade, altura e velocidade da bola. Em pouco tempo essas variações de velocidade, efeito e altura forçam o "Mão de Pilão" a errar ou diminuir o ritmo para reduzir as falhas. É aí que você percebe que o tirou de seu plano de jogo e agora pode começar a conquistar mais pontos.

CAPÍTULO 3: JOGANDO CONTRA ESTILOS DE JOGO INCOMUNS

Estratégia #15
Como superar o "grunhidor"

PROBLEMA:
O "grunhidor" pode ser barulhento e te distrair. Ele vai grunhir a cada batida na bola e fará ainda mais barulho dependendo da extensão ou importância do ponto ou do seu nível de cansaço.

SOLUÇÃO:
Aprenda a focar nos aspectos mais importantes do seu jogo como a respiração e o trabalho de pernas. Concentrar-se demais no que o seu adversário está fazendo lhe distrairá e poderá lhe impedir de jogar no seu melhor nível. Procure coisas para focar-se entre os pontos como: ajeitar as cordas da raquete, amarrar os cadarços caso estejam frouxos ou enxugar o suor caso esteja suado. Se isso também lhe distrair simplesmente grunha também.

Estratégia #16
Como derrotar o "encerador"

PROBLEMA:

Jogadores que, propositalmente, retardam o reinício do jogo entre os pontos e trocas de lado estão tentando controlar o ritmo da partida. Alguns jogadores precisam jogar rapidamente para manter seu ritmo enquanto outros não se importam em jogar mais lentamente. Desacelerar o jogo quando se está perdendo é uma excelente estratégia já que lhe permite ter mais tempo para corrigir qualquer erro que esteja cometendo e recuperar-se dentro da partida. Quando alguém se utiliza desse artifício contra você é difícil encontrar o seu jogo novamente.

SOLUÇÃO:

Concentre-se no que você precisa fazer. Não caia na armadilha do rival retardando o jogo. Simplesmente mantenha-se sempre preparado e mostre-o que está pronto para o jogo.

Estratégia #17
Como ganhar do "apressadinho"

PROBLEMA:

Alguns jogadores gostam de acelerar os pontos, não deixando o adversário parar para pensar, o que leva a erros se você não está acostumado a ser apressado. Eles normalmente fazem pausas curtas para beber água e estão sempre iniciando o saque antes de você alcançar a linha de base para devolver o serviço.

SOLUÇÃO:

Quando alguém está constantemente apressando a partida, a melhor estratégia é simplesmente desacelerar o jogo ao ponto de sentir-se confortável e ter confiança o suficiente para não cometer erros em decorrência da pressa.

Algumas das melhores maneiras de se realizar isso são:
-   Enxugando-se, bebendo água e respirando calmamente durante trocas de lado.
-   Deixando sua toalha nas cercas laterais ou traseiras da quadra fazendo-se assim necessário uma ligeira caminhada na hora de enxugar o suor, desacelerando o jogo.
-   Amarrando o cadarço antes de sacar ou de devolver o serviço.
-   Ajeitando as cordas da raquete antes do saque ou da devolução do serviço.

Estratégia #18
Como bater o "queridinho" da torcida

PROBLEMA:

O "queridinho" da torcida pode ter uma incentivo e tanto durante os pontos. Alguns torcedores e familiares podem ser muito barulhentos e intensos o que dificulta a concentração no jogo de qualquer um. Eles aplaudem quando você perde um ponto. Eles também aplaudem durante pontos e importantes e no meio de um rally.

SOLUÇÃO:

"Qeridinhos" são adversários duros quando estão vencendo, mas quando estão perdendo as coisas se acalmam. Concentre-se em começar o jogo na frente e mantenha-se no topo. Quanto maior a vantagem obtida, menos barulho você ouvirá da arquibancada. Alguns torcedores, familiares entre outros vão simplesmente abandonar a partida, ou seja, você terá menos distrações e resultados melhores. Se você é o tipo de jogador que gosta de jogar com a torcida contra eu recomendo começar na frente e lá se manter até o fim do jogo. "Queridinhos" só são queridinhos enquanto estão ganhando ou pelo menos com chances de ganhar, mas caso prove que ele não tem chances você encontrará muito mais facilidade.

Estratégia #19
Como combater bolas de ângulo curto

PROBLEMA:

Bolas de ângulo curto são bons recursos para se possuir, pois forçam o adversário a sair da linha de base em direção à frente e aos lados da quadra.
Isso abre todo o resto da quadra para o seu rival e praticamente o permite ter controle quase que total do ponto.

SOLUÇÃO:

O melhor jeito de combater um ângulo curto é fazendo uma de três coisas:
- Seguir a bola até a rede e cobrir o espaço recém-criado.
- Devolver outra bola angulada cruzada e recuar até o meio da quadra.
- Acertar uma "deixadinha" bastante curta para trazer seu adversário à rede e cobrir o meio da quadra para impedir qualquer possibilidade de passada.

Estratégia #20
Como superar bolas altas e profundas

PROBLEMA:

Golpes altos e profundos, se aplicados constantemente, vão levar a maioria dos tenistas ao erro. Eles basicamente te empurram para além da linha de base e te forçam a bater na bola caindo para trás, o que reduz a força do seu próximo golpe. Com ou sem topspin, esse golpe é uma ameaça e requer um bom contra-ataque.

SOLUÇÃO:

Golpes altos e profundos podem ser rebatidos de diferentes maneiras.
- Você pode recuar e devolver outro golpe alto e profundo e observar como seu rival reage ao seu golpe.
- Você pode tentar um "bate pronto".
- Você pode acertar um slide para manter a bola baixa e curta.

Além de combater as bolas altas e profundas, você pode se prevenir desse tipo de golpe:
- Acertando slices baixos ou golpes com topspin.
- Acertar a bola ainda no ar com um voleio ou um swinging volley para impedir a bola de pousar no fundo de quadra.
- Arriscar slices baixos e curtos para forçar seu adversário a adentrar a quadra e dificultar outro golpe alto e profundo certeiro.

Estratégia #21
Como vencer backhands altos

PROBLEMA:
O Backhand alto é um dos golpes mais problemáticos para a maioria dos jogadores, principalmente se você utiliza as duas mãos para aplicá-lo. Backhands demandam mais força para devolver a bola à quadra e não costumam serem os melhores golpes para acertar bolas mais altas.

SOLUÇÃO:
Você pode superar backhands altos de três maneiras:
1. Girando em torno do seu backhand e acertando um forehand.
2. Golpeando o seu backhand ainda na subida da bola, como num "bate pronto".
3. Recuando o quanto for necessário para acertar um backhand baixo ou de meia-altura.

Estratégia #22
Como bater o "sucateiro"

PROBLEMA:

O jogador "sucateiro" bate bolas não ortodoxas com efeitos traiçoeiros e, normalmente, com pouca técnica, mas eles mantém a bola em quadra e não facilitam o ataque a seus golpes. Seus golpes mais comuns costumam ser: Slice, slice lateral, topspin lateral, balões, "deixadinhas" que quicam e voltam para a rede e golpes suaves.

SOLUÇÃO:

Quando você não sabe o que esperar a melhor solução é não relaxar e estar preparado para todos os tipos de golpes. Mantenha-se próximo á bola, já que ela se movimentará mais do que o normal. Se você não se sente confortável com o jeito que ela está quicando, ataque a rede, golpeando a bola ainda no ar e não terá que se preocupar com o quique.

CAPÍTULO 4: ESTRATÉGIAS MENTAIS
Estratégia #23
Como lidar com o nervosismo

PROBLEMA:
Ficar nervoso durante uma partida de Tênis é uma reação natural. O importante é não deixar os nervos atrapalharem o seu desempenho. As vezes o nervosismo te faz gelar durante a disputa de pontos importantes, o que o leva a cometer erros bobos ou aumenta as chances de errar.

SOLUÇÃO:
Existem muitas maneiras de se dominar os nervos. Aqui estão apenas algumas que funcionam muito bem com muitos tenistas:
- Mexa os pés. Quando você fica nervosa muitas vezes você para de mexer os pés, o que aumenta os erros. Mexer mais e mais rapidamente os pés vai ajudá-lo a entrar melhor na bola vai te relaxar durante os pontos.
- Respire durante os pontos. Inspire enquanto a bola chega até você e expire enquanto bate na bola. Quando você não estiver disputando o ponto é ainda mais importante repirar profundamente para relaxar a musculatura e ajudá-lo a concentrar-se na estratégia e não no que você está sentindo.
- Abaixe seu nível de intensidade. Tente pensar positivamente sobre o que você planeja fazer durante o ponto e respirar lenta e profundamente para abaixar a frequência cardíaca.

Estratégia #24
Como superar o estresse durante a partida

PROBLEMA:

Estresse é outro fator natural que ocorre quando você se sente cansado e pressionado a jogar bem por forças externas como família, amigos, atrasos, equipamentos esquecidos, condições do tempo, etc.

SOLUÇÃO:

Para superar o estresse você deve entender o que causa o estresse em primeiro lugar. Se estiver atrasado para o jogo, você deve relaxar e não se apressar. Você não irá recuperar o tempo perdido apressando-se. Isso, na verdade, só vai causar mais erros do que qualquer outra coisa. Caso esteja estressado em razão das condições do tempo e sentir que uma chuva pode começar a qualquer momento, foque num ponto de cada vez e deixe o tempo fazer o que quiser fazer, não importando o que estiver acontecendo na partida. Se um familiar está causando o estresse, você deve tentar se concentrar no jogo e tirá-lo da cabeça caso esteja te atrapalhando. Você também pode pedi-lo para ficar em silencio durante o jogo ou simplesmente para ir embora e voltar após o fim da partida. Familiares querem o seu sucesso, mas a carga de estresse envolvida pode ser demais para eles. Foque no que está causando o estresse e solucione o problema para que possa manter-se concentrado na vitória.

Estratégia #25
Como manter-se focado até o fim do jogo

PROBLEMA:
Manter-se focado até o fim da partida não é uma tarefa fácil, pois demanda muito esforço. Alguns tenistas começam bem, mas terminal terrivelmente mal em razão da falta de foco. Outros nunca se concentram por tempo o suficiente para fechar um game ou um set.

SOLUÇÃO:
Manter o foco durante toda a partida demanda algumas coisas:
1. Você precisa de lembranças visuais que vão lhe ajudar a manter-se focado no jogo ou no que está lhe ajudando a conquistar mais pontos. Uma das melhores maneiras de se fazer isso é tendo algumas notas num pedaço de papel que você possa dar uma olhada durante as trocas de quadra. Assim você irá se lembrar do que precisa fazer.
2. Escreva num adesivo duas ou três coisas que irão lhe ajudar a manter o foco na partida e cole esse adesivo em alguma parte segura de sua raquete, onde ele não irá cair. O lado de dentro do coração da raquete é um ótimo lugar para isso. O coração da raquete é posicionado entre o cabo e as cordas.

Estratégia #26
O que pensar durante trocas de quadra

PROBLEMA:

Trocas de lado são bons momentos para pensar e bastante subutilizados durante uma partida de Tênis. O que você deve pensar? Você está cansado e com sede então por que deve pensar em alguma outra coisa? Bem, trocas de lado são a melhor oportunidade de fazer o que é mais importante, ou seja, pensar para encontrar soluções para problemas que você possa estar enfrentando no jogo e, finalmente, superá-los.

SOLUÇÃO:

Durante a troca de lado você deve pensar sobre o que está lhe garantindo e o que está lhe tomando pontos. Se você não está conquistando pontos você deve refletir sobre a razão disso.

Talvez seu rival esteja assumindo o controle do jogo desde o início e lhe forçando a golpear apenas backhands e não permitindo o uso do seu forehand, que pode vir a ser o seu golpe vitorioso.

Talvez você não esteja movendo seus pés o bastante e precisa começar a prestar atenção nisso.

Talvez você esteja cansado e queira vencer logo e não sabe como, porém durante a troca de lado você percebe que precisa ser mais agressivo e possivelmente atacar mais a rede ou acertar mais "deixadinhas".

Talvez seu oponente não esteja fazendo nada de especial e é você que está cometendo os erros. Você percebe isso durante a troca de lado e decide que precisa começar a manter a bola em jogo por mais tempo ou forçar o adversário a errar.

Estratégia #27
O que pensar antes de uma partida

PROBLEMA:

Antes do jogo é importante pensar e preparar um plano de ataque, mas saber o que pensar faz toda a diferença quando se trata de vitória e derrota.

SOLUÇÃO:

Sim, durante o jogo você deve se preocupar em não pensar muito, mas antes da partida você definitivamente deve preparar suas ações dentro da disputa para assim jogar em "piloto automático" e simplesmente executar o que tinha planejado previamente. Você deve pensar no que precisa fazer para obter êxito. Isso pode incluir:

- Mover os pés.
- Lançar a bola a uma boa altura na hora do saque.
- Acompanhar os golpes de fundo de quadra.
- Manter os olhos na bola.
- Não se afobar durante os pontos.
- Atacar os pontos fracos do adversário desde o princípio.
- Atacar o segundo serviço do adversário.
- Não deixar o ambiente lhe distrair.

Estratégia #28
O que pensar na noite anterior à partida

PROBLEMA:
Na noite anterior à partida você deve repousar e pensar apenas nos fatores que tem controle. Não se preocupe com coisas que não vão lhe beneficiar como chuva, vento, etc. Certifique-se que seu corpo e mente descansem, pois você não deve começar o dia fraco ou cansado.

SOLUÇÃO:
The night before the match you should practice visualizing how you would like to play the following day. You can imagine specific strategies you'd like to perform such as:

Na véspera do jogo você deve visualizar a maneira que deseja jogar no dia seguinte. Você pode imaginar estratégias específicas que gostaria de por em prática como:
- Apostar em slices e ataques à rede.
- Acertar golpes altos e com topspin direcionados ao backhand ou lado mais fraco do adversário.
- Disputar longos rallies cruzados.

Outros pontos a serem visualizados na noite anterior podem ser:
- Ver-se correndo atrás de bolas difíceis de canto a canto da quadra.
- Manter-se confiante para devolver saques.
- Arremessar a bola orgulhosamente antes de sacar.
- Estar motivado e enérgico entre os pontos.

Estratégia #29
O que fazer quando se está perdendo por um set

PROBLEMA:

Quando está perdendo por um set você começa a duvidar de si mesmo e a sentir que não irá vencer o jogo. Saber o que fazer para mudar as coisas é uma tarefa física e emocional.

SOLUÇÃO:

Quando está por um set você precisa compreender que o segredo está em saber onde você está ganhando e perdendo pontos.

Caso esteja errando muitas bolas altas e sendo forçado pelo adversário a fazer isso na maioria das jogadas, você deve tentar atacar mais a rede e diminuir a quantidade de golpes altos do fundo da quadra.
Se estiver perdendo os rallies pelo fato do seu condicionamento físico não estar tão bom quanto o do seu rival você deve encontrar uma maneira de conquistar pontos rapidamente Você deve trazer seu oponente à rede com maior frequência ou arriscar mais winners.

No caso de estar conquistando pontos quando foge do backhand para o forehand você deve tentar fugir o máximo que puder e acertar forehands.

Se conquistou todos os pontos após acertar o primeiro saque, você deve concentrar-se em conseguir ainda mais acertos no primeiro serviço.

Estratégia #30
O que fazer quando se está vencendo por um set

PROBLEMA:

Ganhando o primeiro set você tem uma vantagem psicológica e emocional de peso. O que você deve fazer no segundo set para vencer a partida?

SOLUÇÃO:

Após conquistar o primeiro set você sabe que seu adversário irá fazer um grande esforço para passar à sua frente. Você também sabe que está próximo à linha de chegada uma vez que já está na metade da corrida.

O segredo é seguir essas três instruções:
1. Continue fazendo o que está te garantindo pontos. Mudar uma estratégia bem sucedida não é o melhor plano para o momento. Não faça mudanças tolas sendo menos ou mais agressivo.

2. Esforce-se para ganhar os três primeiros games e já conseguir uma boa vantagem de cara. Isso desmoralizará o seu adversário e tornará o restante do jogo mais fácil. 3-0, 2-0 ou 4-0 são exelentes placares para iniciar o segundo set.

3. Continue à frente no placar até o fim do jogo para não dar a menor chance de vitória ao seu rival pois, caso o faça, você irá se arrepender depois.

Estratégia #31
O que fazer quando se tem um matchpoint

PROBLEMA:
Um match point pode ser visto de diferentes maneiras. Tomar a atitude correta faz toda a diferença. Excesso e falta de confiança são reações comuns, porém muito negativas. O que fazer?

SOLUÇÃO:
Um match point é a melhor oportunidade de se vencer uma partida. Não pense demais durante a disputa. Mantenha o jogo simples. Não importa o que estiver te garantindo a vitória, você deve continuar fazendo a mesma coisa durante o match point com precisão. Caso fique nervoso, simplesmente respire e mova os pés para aliviar a tensão. Não olhe em volta ou permita-se distrair.

Lembre: NÃO ABANDONE O PLANO INICIAL!

Estratégia #32
O que fazer após cometer uma dupla falta

PROBLEMA:
Duplas faltas afetam psicológica e emocionalmente. Elas são comuns e podem acontecer durante o jogo, contanto que não virem uma rotina. A diferença está no que você pensa e faz após cometê-las para controlar a situação.

SOLUÇÃO:
Preste atenção no que você necessita fazer para acertar seu saque. Segundos serviços demandam mais controle, pois são sua última chance de sucesso. Não se pressione mais ou fique nervoso.

Siga esses cinco passos para cometer menos duplas faltas:
1. Seja seletivo com seus arremessos. Não golpeie todos eles. Relaxe e apenas ataque as bolas que tenham mais chances de entrar em decorrência de um arremesso bem colocado.
2. Não apresse o seu serviço.
3. Quique a bola pelo menos quatro vezes antes de sacar para desacelerar-se.
4. Acompanhe toda a sua movimentação de saque.
5. Mantenha seu queixo e sua cabeça de pé quando bater na bola para poder manter os olhos nela o máximo possível.

**Boa sorte nas suas partidas e lembre-se de usar essas estratégias sempre que possível. Elas vão te ajudar a vencer mais jogos.
Para mais vídeos e livros sobre Tênis, visite tennisvideostore.com ou amazon.com.**

MAIS TÍTULOS POR JOSEPH CORREA

Tennis Serve Harder Training Program
Este DVD lhe ensinará a sacar de 16 a 32 km/H mais rápido num programa diário de 3 meses. O melhor programa de treino para saques no mercado. O vídeo inclui uma tabela de treino e um manual passo a passo. O DVD mostra como executar os exercícios apropriadamente e o processo a ser seguido para alcançar êxito com o programa.

Joseph Correa é treinador e tenista professional já tendo competido e treinado ao redor do mundo em torneios da ITF e da ATP por muitos anos. Além de ser atleta profissional, ele detém certificado de treinador profissional pela USPTR e de treinador infantil pela ITF

The 33 Laws of Tennis
"The 33 Laws of Tennis" é um livro repleto de conceitos valiosos sobre Tenis para te ajudar a ser um tenista melhor e mais bem preparado. Esse livro foi escrito por um treinador e tenista profissional nos Estados Unidos. É um livro extremamente útil que se mostra conveniente quando você menos espera e te lembrará de coisas pequenas, porém importantes antes de competir.

Tennis Footwork and Cardio by Joseph Correa
Joseph Correa é treinador e tenista professional já tendo competido e treinado ao redor do mundo em torneios da ITF e da ATP por muitos anos. Além de ser atleta profissional, ele detém certificado de treinador profissional pela USPTR e de treinador infantil pela ITF.

Entre em forma e melhore a sua agilidade dentro e for a de quadra. Seu trabalho de pés melhorará drasticamente assim como a força dos seus membros superiores. Esse treinamento vale a pena para qualquer tenista sério, não importando o nível. Você se tornará mais rápido, mais forte e mais ágil na quadra, além de aprimorar a aceleração de seus golpes e saque. Desenvolvido por um tenista profissional para que outros tenistas possam evoluir e vencer mais jogos.

Yoga Tennis by Joseph Correa
"Yoga Tennis by Joseph Correa" é uma excelente maneira de mehorar sua flexibilidade e agilidade na quadra. Alcance mais bolas e tenha menos lesões. É uma boa forma de se vencer mais por trabalhar um aspecto diferente do seu jogo. O DVD tem aproximadamente 30 minutos de duração. Usado por tenistas amadores e profissionais para aperfeiçoar seus jogos e aguentar melhor o ritmo das partidas. Esse é o melhor jeito para um tenista se tornar mais flexível e se livrar das corriqueiras lesões nas costas, joelhos, ombros, tendões, panturrilha e quadris. Você terá o prazer de se iniciar! Essa é uma versão aprimorada do seu MBS Yoga Tennis 2012.

The Vilcabamba Diet
O melhor livro sobre dietas e exercícios que você poderá encontrar caso queira entrar em forma e viver mais. Ele é baseado em um povoado equatoriano chamado Vilcabamba, onde grande parte de seus habitantes vivem mais do que a média e com grande qualidade de vida. Excelente para atletas!

Tennis Abs by Joseph Correa

"Tennis Abs" é uma grande maneira de reforçar o seu núcleo para alcançar saques, backhands, forehands, e também voleios, mais poderosos. O abdômen é o segredo para jogar melhor. Esse DVD trabalha com muitos tipos de exercícios abdominais e para as costas que você não encontrará em nenhum outro vídeo. Não tenha vergonha de trocar de camisa durante as partidas e bata mais forte na bola!

32 Estratégias para o Tênis atual

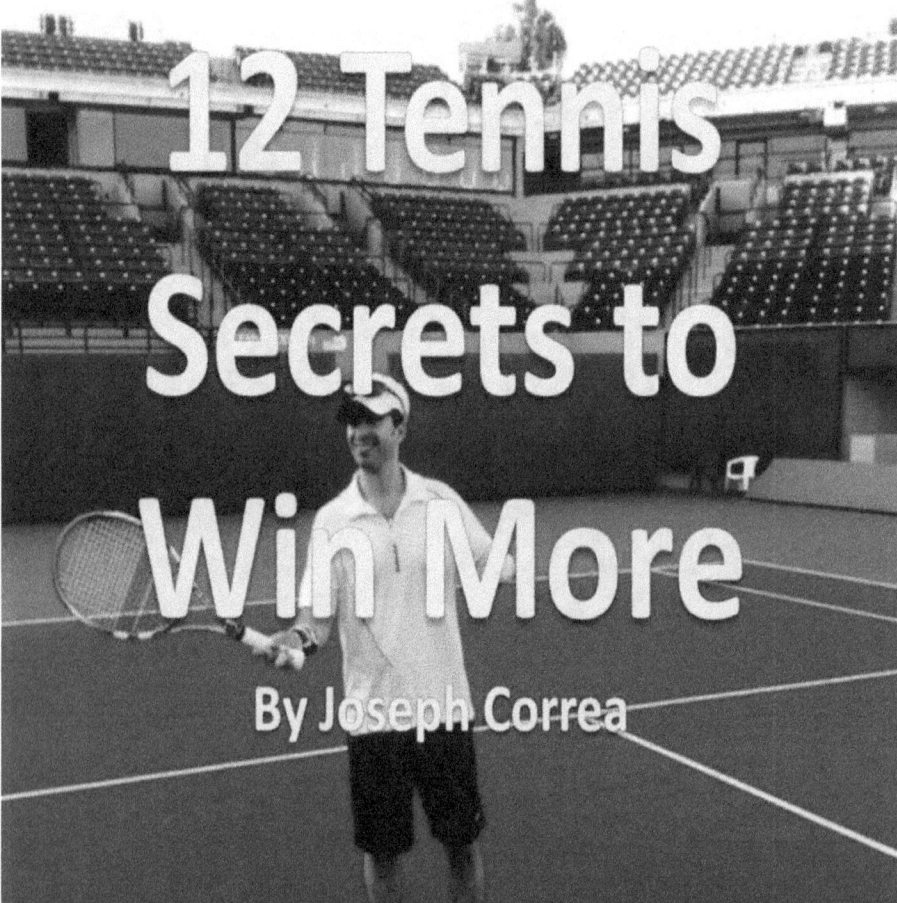

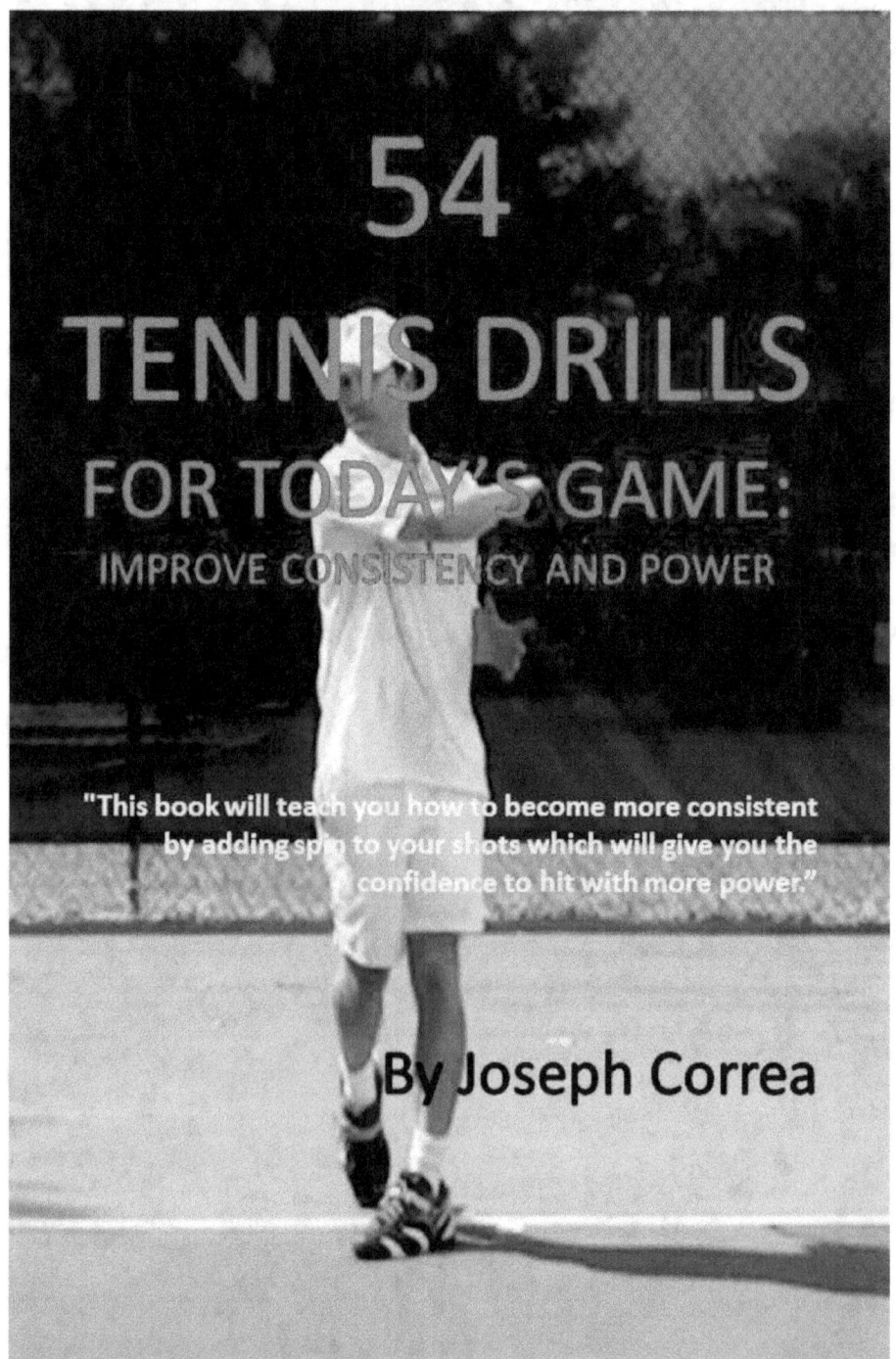

THE VILCABAMBA DIET

Learn how to live longer and healthier like the people of Vilcabamba!

This book includes:
101 Exercises You Can Do Any Time & Any Place plus BONUS ABS

By
Joseph G. Correa

In Collaboration With
Dr. Juan Carlos Correa

www.ingramcontent.com/pod-product-compliance
Lightning Source LLC
Chambersburg PA
CBHW071219070526
44584CB00019B/3081